ODE
A MONSEIGNEVR
LE CARDINAL
DVC DE
RICHELIEV.

TEGIT ET QVOS   TANGIT INAVRAT

A PARIS,
Chez IEAN CAMVSAT, ruë
ſainct Iacques, à la Toyſon d'Or.

M. DC. XXXVII.

ODE
A MONSEIGNEVR
LE CARDINAL
DVC DE
RICHELIEV.

GRAND RICHELIEV, de qui la gloire
Par tant de rayons esclatans
De la nuit de ces derniers Temps
Esclaircit l'ombre la plus noire;
Puissant Esprit, dont les travaux
Ont borné le cours de nos maux,
Accomply nos souhaits, passé nostre esperance;
Tes celestes Vertus, tes Faits prodigieux,
Font reuoir en nos iours, pour le bien de la France,
La force des Heros, & la bonté des Dieux.

Mais bien que sous ton grand Genie
Le Courage & le Iugement,
De nostre heureux Gouuernement
Composent la douce harmonie ;
Bien que tes superbes lauriers
S'égalent à ceux des Guerriers,
Dont les siecles passés racontent les miracles ;
N'atten pas toutesfois que ie chante aujourd'huy
La Prudente Valeur, qui malgré tant d'obstacles
T'a rendu des Humains le Refuge, & l'Appuy.

Ie trouue en moy trop de foiblesse
Pour celebrer des Actions,
A qui cedent les fictions
De l'Italie & de la Grece ;
Parmy les brillantes clartés
Qu'elles iettent de tous costés,
Si ie l'entreprenois ie serois temeraire ;
Il faut tant de vigueur pour s'en bien acquiter,
Que sans le feu diuin de Virgile ou d'Homere,
Il n'est point de mortel qui le doiue tenter.

Aussi quelque chaleur ardente
Qui pour toy m'embrasé le sein,
Lors que ie pensé à ce dessein
La majesté m'en espouuante ;
Ie ne dispute point ce prix
Auec tant de rares Esprits,
Qui l'ont choisi pour but de leurs sçauantes veilles ;
Et de ces Actions contemplant la hauteur,
De peur d'en profaner les augustes merueilles,
Ie veux dans le silence en estre adorateur.

Le long des riues de Permesse
La trouppe de ses Nourrissons
Medite pour toy des chansons
Dignes de l'ardeur qui les presse ;
Ils sentent ranimer leurs voix
A l'object de tes grands Exploits,
Et font de ta loüange un concert magnifique :
La grauité s'y mesle auecque les douceurs,
Apollon y preside, & d'vn ton heroïque
Fait soustenir leur chant par celuy des neuf Sœurs

Ils chantent quel fut ton merite,
Quand au gré de nos matelots
Tu vainquis les vents & les flots,
Et dontas l'orgueil d'Anfitrite ;
Quand noſtre Commerce affoibly
Par toy puiſſamment reſtably
Dans nos Havres deſerts ramena l'Abondance,
Et que ſur cent vaiſſeaux maiſtriſans les dangers
Ton Nom ſeul aux François redonna l'aſſeurance,
Et fit naiſtre la crainte au cœur des Eſtrangers.

Ils chantent les riches trofées
Des dépoüilles de nos Mutins,
Quand de nos troubles inteſtins
Les flammes furent eſtouffées ;
Quand la Reuolte dans ſon Fort
Par vne affreuſe & longue mort
Paya ſi cherement l'vſure de ſes crimes ;
Et que ſes bouleuards en fin aſſujetis
Contre les appareils des Armes legitimes
Implorerent en vain le ſecours de Thetis.

Ils chantent l'insigne auantage
Par nous sur l'Aigle remporté,
Lors qu'un Prince persecuté
Fut remis dans son heritage.
Ils descriuent l'horrible Pas,
Où par cent visibles tresp as
On creut de nostre Camp retarder la vaillance ;
Et figurent encore au milieu de nos rangs
Themis qui te presta son fer & sa balance,
Afin de decider ces fameux differens.

Ils chantent l'effroyable foudre,
Qui d'vn mouuement si soudain
Partit de ta puissante main
Pour mettre Pignerol en poudre ;
Ils disent que tes bataillons,
Comme autant d'espais tourbillons,
Esbranslerent ce Roc iusques dans ses racines ;
Que mesme le Vaincu t'eut pour Liberateur,
Et que tu luy bastis sur ses propres ruïnes
Vn rempart eternel contre l'Vsurpateur.

Ils chantent nos Courses guerrieres,
Qui plus rapides que le vent
Nous ont acquis en te suiuant
La Meuse & le Rhein pour frontieres;
Ils disent qu'au bruit de tes Faits
Le Danube creut desormais
N'estre pas en son antre asseuré de nos Armes;
Qu'il redouta le ioug, fremit dans ses roseaux,
Pleura de nos succez, & grossy de ses larmes
Plus viste vers l'Euxin precipita ses eaux.

Ils chantent tes Conseils vtiles,
Par qui malgré l'art des meschans
La Paix refleurit dans nos champs,
Et la Iustice dans nos villes;
Ils disent que les Immortels
De leur culte & de leurs Autels
Ne doiuent qu'à tes soins la pompe renaissante,
Et que ta Preuoyance & ton Authorité
Sont les deux forts Appuis dont l'Europe tremblante
Soustient et r'affermit sa foible Liberté.

Ainſi l'illuſtre renommée
De tes progrés victorieux
Auec vn bruit harmonieux
Par toute la terre eſt ſemée :
Mais tu ne ſçaurois ſupporter
Qu'on face ta gloire eſclater,
Ses moindres ornemens bleſſent ta modeſtie :
De tes propres Exploits tes yeux ſont eſbloüis
Tu n'en peux auoüer vne ſeule partie,
Et veux qu'ils ſoient tous deus à l'honneur de LOVIS.

Lors que deſſus noſtre hemiſphere
Ton feu ſe monſtre ſans pareil,
Tu crois l'emprunter du Soleil
Qui ſeul nos Prouinces eſclaire :
De meſme que ſur l'horiſon,
Durant la bruſlante ſaiſon,
Vn Aſtre en plein midy quelquefois eſtincelle ;
Bien que ſemblable à ceux dont ſe pare la nuict,
Il emprunte ſon feu de la Flamme eternelle
Qui ſeule dans les Cieux d'elle-meſme reluit.

B

Ton esprit humble s'imagine
Qu'en ta haute felicité
Ton esclat n'est qu'obscurité
Si ton Prince ne t'illumine ;
Tu consideres ta splendeur
Comme vn rayon de sa grandeur
De qui superbement ta Pourpre est embellie ;
De sa seule clarté tu la penses tirer,
Et lors que sa lumiere à la tienne s'allie
C'est alors seulement que tu crois esclairer.

Toutesfois en toy l'on remarque
Vn feu qui luit separement
De celuy dont si viuement
Resplendit nostre grand Monarque ;
Comme le Pilote égaré
Voit en l'Ourse vn feu separé
Qui brille sur sa route & gouuerne ses voiles ;
Ce pendant que la Lune accomplissant son tour
Dessus vn char d'argent enuironné d'estoilles
Dans le sombre Vniuers represente le iour.

Bien que ton zele ineſtimable
Conſacre au Maiſtre que tu ſers
Ce que les Terres et les Mers
T'ont veu faire d'inimitable,
Il te reſte encore des biens
Qui ne ſçauroient eſtre que tiens,
Au partage deſquels tu ne reçois perſonne;
Ma Muſe auec tranſport reconnoiſt ces threſors,
Et pour les publier me choiſit & m'ordonne
Que i'eſleue ma voix, & ſuiue ſes accords.

Ie ſens que ſa fureur m'inſpire
Pour rendre hommage à tes Vertus,
Et que mes eſprits abbatus
S'eſueillent au ſon de ſa lyre;
Par elle ton ſein m'eſt ouuert,
Ie voy ton ame à deſcouuert,
Ie voy que tu languis d'vne diuine flamme,
Que ton cœur eſt armé de conſtance & de foy,
Que ta ſage conduitte eſt au deſſus du blaſme,
Et que ta renommée eſt bien moindre que toy.

Ie pourrois parler de ta race,
Et de ce long ordre d'Ayeux,
De qui les beaux noms dans les Cieux
Tiennent vne si belle place ;
Dire les rares qualités
Par qui ces Guerriers indontés
Adioustent tant de lustre à nos vieilles Histoires ;
Et monstrer aux Mortels de leur gloire estonnés
Quel nombre de combats, d'assauts, & de victoires,
Les rend dignes des Roys qui nous les ont donnés.

Mais i'ayme mieux les grands exemples
D'amour & de fidelité,
Qui de nostre Aage ont merité
Des sacrifices & des temples ;
I'ayme mieux les Pensers ardens,
Qui destournent les accidens
Dont l'aueugle Destin menace nos Prouinces ;
I'ayme mieux l'équité des sublimes Proiets
Conceus pour reprimer les Peuples, & les Princes,
Les injustes Voysins, & les mauuais Sujects.

De quelque insupportable injure
Que ton renom soit attaqué,
Il ne sçauroit estre offusqué,
La lumiere en est tousiours pure ;
Dans vn paisible mouuement
Tu t'esleues au Firmament,
Et laisses contre toy murmurer sur la terre ;
Ainsi le haut Olympe à son pied sablonneux
Laisse fumer la foudre, & gronder le tonnerre,
Et garde son sommet tranquille & lumineux.

Tu vois dessous toy l'Iniustice
Tascher en vain de t'offenser,
D'vn regard tu peux renuerser
Et l'insolence & l'Artifice ;
Ton Courage aux Monstres fatal
Est tousiours plus fort que le mal ;
Sur le solide Honneur sa base est establie ;
Le Droit & la raison l'accompagnent tousiours,
Et sans que sa vigueur soit iamais affoiblie
Qu'on cede ou qu'on resiste, il va d'vn mesme cours.

Sur toy-mesme tu te reposes,
Et dans le peril apparent
Tu vois d'vn œil indifferent
La vicißitude des choses ;
D'vn ferme esprit tu te resous
A complaire aux vœux des jaloux
Dont l'aggrandißement sur ta perte se fonde ;
Du timon enuié tu retires les mains,
Et preßes pour remettre au premier ROY du monde
Le soin qu'il t'a commis du salut des Humains.

Ton prcpre bon-heur t'importune
Alors qu'il fait des mal-heureux,
On voit que tu souffres pour eux
Et que leur peine t'est commune ;
Quand leurs efforts sont impuißans
Contre tes Actes innocens,
Dans leur desastre encor ta bonté les reuere ;
Tu les plains dans les maux dont ils sont affligés,
Et demandes au Ciel d'vn cœur humble & sincere
Qu'ils vueillent seulement en estre soulagés.

Tu n'es point charmé des richeſſes,
Les dons ne te peuuent tenter;
Et tu n'en ſçaurois accepter
Que pour en faire des largeſſes;
Si ton Prince outre ton ſouhait
T'honnore de quelque bien-fait,
Soudain tu le reſpans en des graces diuerſes;
Tu n'en as que la fleur, nous en auons le fruict,
Receuant les faueurs auſſi-toſt tu les verſes,
Et le bien qui te cherche en meſme temps te fuit.

Au milieu de l'inquietude
Qui regne dans le champ de Mars,
Tu veilles pour tirer les Arts
De miſere & de ſeruitude;
C'eſt par toy ſeul que pour iamais
Du Mont aux deux ſacrés ſommets
L'ignorance s'eſcarte, & l'Erreur eſt bannie,
Ta main qui rend la vie à nos Eſtats mourans,
Par qui nos Alliés ſortent de tyrannie
Affranchit l'Helicon du ioug de ſes Tyrans.

Mais, ô coupable negligence,
O Muse, pourquoy passes-tu
Sa plus memorable Vertu
Sous un injurieux silence ?
Touche ta lyre encore un peu,
Et luy fay chanter le beau feu
Que le Bien du Public en ses veines allume ;
De son embrasement tu connois la grandeur,
Tu sçais que dans ce feu sa force se consume,
Et qu'il n'est plus viuant que par sa seule ardeur.

Par elle son ame est nourrie,
C'est d'elle qu'il tient sa vigueur ;
Il vit, mais il vit en langueur,
Lors qu'il voit languir sa Patrie ;
Comme elle il sent ses desplaisirs,
Il ioint ses pleurs à ses souspirs,
Par ses gemissemens il respond à ses plaintes ;
S'il vit c'est seulement afin de la guerir,
Il s'offre à receuoir ses mortelles atteintes,
Et pourueu qu'il la sauue il consent de perir.

Durant

Durant la plus fiere tempeste
Il abandonne son salut,
Et n'a pour veritable but
Que d'en garentir nostre teste;
Auec quelque noire fureur
Que pleins de colere & d'horreur
Le Ciel tonne sur nous, & le sort nous poursuiue;
A leurs traits inhumains il s'expose pour nous,
Et parmy les transports d'vne amour excessiue
Il n'est point de tourment qui ne luy semble doux.

Dans sa conduitte iuste & saincte
Il demeure en tranquillité,
Et son repos n'est agité
Ny d'esperance ny de crainte;
La menace ny le pouuoir
Ne l'ont sceu iamais esmouuoir,
Et iamais nuls appas n'ont son ame surprise;
L'Or pour luy cesse d'estre vn metal pretieux,
La Beauté perissable est vn bien qu'il mesprise,
Pour l'vn il est sans mains, & pour l'autre sans yeux.

C

Eſbloüy de clartés ſi grandes,
Incomparable RICHELIEV,
Ainſi qu'à noſtre Demy-dieu
Ie te viens faire mes offrandes ;
L'équitable ſiecle auenir
Adorera ton ſouuenir,
Et du ſiecle preſent te nommera l'Alcide ;
Tu ſeruiras vn iour d'objeƈt à l'Vniuers,
Aux Miniſtres d'exemple, aux Monarques de guide,
De matiere à l'Hiſtoire, & de ſubieƈt aux Vers.

CHAPELAIN.